PÉTITION

A MM. les Membres de la Chambre des Députés.

Le refus de l'impôt est un DROIT quand le gouvernement viole les lois.

Il est un DEVOIR quand le gouvernement se passe des lois ou se met au-dessus d'elles.

MESSIEURS LES DÉPUTÉS,

On dit que Paris est la première ville du monde. Alors nous pouvons dire que, comme capitale, Paris est la première ville de France. Si cela est, comment se fait-il que cette ville si riche, si vaste, si puissante, et où siége le chef de l'Etat, soit plus mal administrée que la plus petite de nos communes? Comment se fait-il que, depuis près de cinquante ans, il ne se soit pas élevé une seule voix d'homme politique, d'administrateur, de financier, de jurisconsulte, ou de quelque grand citoyen, pour protester contre le provisoire qui la régit et les abus qui y croissent et s'y multiplient d'une manière toujours plus effrayante?

J'entends parmi vous, Messieurs, quelqu'un qui me crie : De quel provisoire et de quels abus vous plaignez-vous? Je réponds de suite à cette étrange question : Le provisoire! vous l'avez vîte oublié, car je vous ai signalé que c'est l'existence tolérée d'une commission de contributions présidant à l'assiette et à l'application des taxes depuis 1798 et salariée par la préfecture de la Seine. Les abus! je vous les dénonce en vain depuis deux ans; vous n'en voulez comprendre ni l'étendue ni la gravité; c'est l'administration préfectorale de la Seine remplissant, au mépris des lois, les triples fonctions de gouvernement, quant à l'impôt, de préfecture de la Seine et de mairie de la commune de Paris; asseyant et appliquant l'impôt en vertu d'une délibération municipale et d'une ordonnance du roi; percevant des contribuables, à titre occulte de *substituée* du Trésor, moyennant un forfait dont elle paie le prix, les quatre contributions directes;

grevant ou dégrevant plus ou moins qui bon lui semble ; ayant des répartiteurs qui ne répartissent pas, parce qu'ils sont à sa discrétion unique, au lieu d'être les hommes des contribuables, de la justice et de la vérité ; ayant un conseil de préfecture dont les décisions sont exclusivement l'œuvre de ses bureaux ; jugeant dans sa propre cause et déniant la justice en violant les lois applicables, et en s'attribuant une compétence que la loi lui refuse ; se jouant de la justice civile ordinaire, en l'obligeant, par l'influence qu'elle exerce, à se déclarer incompétente au sujet des poursuites, des abus et des vexations dont se plaignent les contribuables ; méconnaissant les sages avis du conseil général, dont la plupart des membres sont à la fois du conseil municipal de la commune, malgré l'opposition d'intérêts des deux natures de fonctions ; réduisant ce qu'on ose appeler les douze mairies de Paris en douze succursales de la préfecture, et les trente-six maires et adjoints en trente-six chefs de bureaux sans contrôle, ayant alternativement la simple mission de signer des actes sur lesquels on appose préalablement le sceau de chacun des arrondissemens respectifs ; réclamant elle-même contre ses taxes par l'entremise d'employés qu'elle paie et qu'elle institue en administration ou en compagnie, afin d'obtenir plus facilement des contribuables, et surtout des propriétaires, la valeur de leurs propriétés et le chiffre exact de leurs locations, pour asseoir les taxes conformément à l'exigence des lois fiscales ; faisant des porteurs de contraintes, percepteurs, contrôleurs, répartiteurs, directeur et inspecteur des contributions, autant de subalternes, caissiers, employés et commis, qu'elle salarie ou rétribue au lieu et place de l'Etat ; enfin, restreignant les hautes et importantes fonctions du conseil d'Etat au triste rôle d'approbateur de ses volontés.

Voilà, Messieurs, quels sont les principaux abus dont la préfecture de la Seine est le réceptacle. Je ne fatiguerai pas votre attention par une plus longue nomenclature. Quand vous aurez fait cesser ceux que je mets sous vos yeux, je vous en indiquerai d'autres, car il y en a. Ce que je vous demande exige une prompte résolution. Si vous hésitez, en temporisant, le mal, déjà grave, aura fait de si immenses progrès qu'il ne vous sera plus possible d'arrêter ses ravages.

Votre tâche, Messieurs, ne doit pas se borner à restaurer l'administration de la Seine, car je viens vous en confier une autre également importante. Veuillez interroger vos souvenirs, s'ils sont absorbés par les grandes ou les petites voies de fer. Je me permis de vous en entretenir il y a au moins deux ans ; mais je ne fus pas assez heureux pour me faire comprendre, ou plutôt vous prétendîtes que j'étais dans l'erreur, et que le gouvernement n'avait que des intentions pures, et ne vous soumettait que des propositions sages.

Vous fûtes dans l'erreur vous-mêmes, Messieurs; les ministres abusaient de votre confiance. Seul, j'étais dans le vrai, je frappais juste où le système voulait vous surprendre pour arriver à l'accomplissement de ses déplorables desseins. Me trompais-je, en effet, quand je vous montrais le gaspillage de nos finances, et que je vous suppliais d'intercepter les voies de la corruption? me trompais-je quand je vous disais que vous feriez une mauvaise loi de patentes; que vous feriez une loi de finances non moins compromettante; que vous nous donneriez, sans vous en douter, par la confection de ces deux lois, une sorte de code électoral en vertu duquel le ministère disposerait de tous les petits électeurs; que le déclassement illégal et le chiffre excessif des taxes, durant les trois dernières années, serviraient de base comparative entre l'assiette nouvelle et l'assiette de transition, et que la somme des contributions de patentes avait été augmentée de moitié chez les uns et d'un tiers ou d'un quart chez les autres, puisque je vous prouvais cela avec l'esprit et les dispositions de la loi du 1er brumaire an VII? Me trompais-je quand je vous disais que la violation de cette loi avait pour but de préparer les contribuables à recevoir la nouvelle, et de les contraindre, la plupart, à bénir son apparition et son application, parce qu'elle permettrait de descendre sensiblement le chiffre arbitraire qu'on leur avait imposé pour simuler une notable amélioration? Me trompais-je, enfin, quand je vous disais que la loi était aussi politique que fiscale; que les rôles de patentes ne seraient émis à Paris que vers le mois de juin au plus tôt; que beaucoup de patentés électeurs seraient étonnés de ne plus payer le cens, et d'être privés du temps nécessaire pour se le procurer; que la province, durant la première année, aurait plus à souffrir que Paris de l'application du nouveau système, parce que l'administration locale, exploitant la métropole à son profit, avait intérêt à ménager les contribuables pour les mieux habituer à supporter de plus fortes taxes; que les ouvriers n'étaient pas affranchis des charges de la patente; qu'au contraire ils en paieraient de plus lourdes, et que la nouvelle loi était tout à la fois une loi d'argent, d'institution compressive et inquisitoriale?

Non, Messieurs, non, je ne me trompais pas, et je voulais éclairer tout le monde, les contribuables d'abord, les députés ensuite. Efforts inutiles! on ne m'écouta pas. Mais le temps, qui marche et épure tout, m'a rendu justice; mes prédictions ne se sont que trop réalisées. Les députés ne regrettent-ils pas aujourd'hui leur peu de clairvoyance, et les contribuables leur crédulité? Est-ce bien le cas d'avouer son insouciance, et même de gémir de son erreur, quand le mal a produit son fâcheux effet? Pourquoi ne l'avoir pas prévenu?

Quoi! c'est seulement aujourd'hui que vous reconnaissez que la nouvelle loi des patentes permet de faire et de défaire des électeurs, en étendant ou diminuant momentanément la classe et le chiffre des taxes qu'on applique soit à tout ce qui touche au commerce et à l'industrie, soit à ceux dont on veut utiliser le zèle ou disposer à l'appoint électoral ; qu'on y parviendra en frappant chaque contribuable sérieux ou factice d'un droit fixe ou d'un droit proportionnel capable de représenter le cens ; que la publication tardive des rôles avait pour but d'empêcher les électeurs réduits d'avoir le temps d'aviser au complément de leur cens ; qu'aujourd'hui, et surtout dans l'avenir, les ouvriers paieront plus qu'alors, parce qu'on les imposera généralement sous la qualification de *fabricans à façon*, affectée d'un droit proportionnel en plus ; que les agens du fisc et de la préfecture de la Seine sont actuellement maîtres de l'application des taxes, juges de tous les travaux y relatifs, appréciateurs des bases, seuls vérificateurs des livres des contribuables ; que les réclamations et les suppliques n'auront de succès qu'autant que le bon plaisir y sera plus ou moins sensible, parce que l'art. 20 de la loi a constitué souverain juge, en matière de taxes, le ministre des finances, qui trouvera fort rarement qu'un contribuable paie trop ; que le Conseil-d'Etat ne peut ni contrarier l'administration locale dans son envahissement, ni heurter la complaisance spéculative du système; que la loi des patentes, étrangement secondée par celles des finances, fait impôt de quotité le reste de nos impôts de répartition, parce que la base des contributions mobilière, portes et fenêtres, foncière et des patentes, ainsi que le contingent voté, est idéale, capricieuse, facultative, variable et subordonnée, pour chacun des départemens, au mouvement de hausse et de baisse que le ministre des finances a indiqué au budget de 1845? Que le mouvement de hausse et de baisse dans les taxes locales suivra toujours les fluctuations de la politique ou *les nécessités électorales*, en frappant plus celui-ci et moins celui-là? et qu'enfin on peut créer des commerçans et des industriels qui n'exerceront ni commerce ni industrie, en leur imposant tout à la fois les taxes de *telle patente*, que le dégrèvement d'office enlèvera aussitôt qu'on n'aura plus besoin d'eux, ce qui n'empêchera pas leur inscription sur les listes électorales? Voilà cependant la perpective que vous avez voulue...

Eh bien! Messieurs, malgré ces faits alarmans, confirmés par les plaintes de la province, on dit que la plupart des patentés de Paris sont très-satisfaits de l'application de la nouvelle loi, en ce que le chiffre de leurs taxes est moins considérable que celui des dernières.années de la loi de brumaire an VII. Il y a du vrai dans ce bruit ; mais ce qui est plus vrai, c'est que ces contribuables prennent pour base de leur contentement le chiffre de l'année dernière, qui était exorbitant. J'expliquerai cela. Néanmoins, je dois dire tout d'abord que cette satisfaction n'est pas éprouvée par les classes inférieures des patentés, qui se trouvent augmentées d'à peu près moitié par l'adjonction du droit proportionnel qu'elles ne payaient pas alors. Mais que feront les plaintes de ces patentés si leurs puissans confrères se taisent?

Ne trouvez-vous pas, Messieurs, vous qui devez maintenant comprendre le mécanisme et l'usage politique de l'impôt, que la situation des patentés de Paris soit en opposition diamétrale à celle des patentés de la province qui sont si affectés de l'application rigoureuse de la loi? Je vais le dire. Paris avait subi, pendant près de six années, l'arbitraire d'un déclassement qui élevait prodigieusement les taxes, tandis que la province était à peu près maintenue dans la vérité de la loi existante. Comparativement avec 1839, 1840, 1841, 1842, 1843 et 1844, l'application actuelle de la loi nouvelle, à Paris, est excessivement modérée ; ce qui n'empêche pas l'exorbitance des taxes, eu égard à celles voulues par la loi de l'an VII ; mais le contribuable sourit à la vue de la différence contrastant avec le chiffre de ses dernières cotes. Disons tout. Paris a fait une révolution en trois jours ; il pourrait en faire une nouvelle que l'on redoute, parce que l'on s'y expose ; et l'inquiétude qu'il entretient dans l'âme des gouvernans, jointe à l'irritation que ceux-ci savaient devoir se manifester en province par l'effet de l'application de la loi nouvelle, a déterminé les organes supérieurs du système à prescrire à l'administration locale de réduire les taxes des patentés de Paris pour leur prouver qu'on a pour eux des égards, de la justice et de la bienveillance, car il fallait se les attacher à tout prix. Aussi ses agens reçurent-ils l'ordre secret et positif de les ménager le plus possible, et la préfecture fut tenue de joindre à l'avertissement de chaque contribuable l'avis SUPPLIANT qui suit :

« Permettez-moi, Monsieur, en vous transmettant l'avertisse-
» ment ci-joint, de vous faire remarquer qu'en raison de l'époque
» tardive de l'émission des rôles, il serait à désirer que vous eus-
» siez la BONTÉ de n'apporter aucun retard dans le paiement de
» vos contributions.

» Agréez, Monsieur, l'assurance de ma considération.

» Le receveur de l'arrondissement de perception,

» Signé X.... »

Je vous le demande, à vous, députés de la France, un gouver-
ment qui marche dans la voie nationale, qui a la conscience de
son devoir et qui puise sa force dans le concours d'une impo-
sante majorité, descend-il à la prière au sujet d'impôts votés
pour soutenir la prospérité, la gloire, la dignité et l'indépendance du pays confié à ses soins ? Si ce n'est ni la faiblesse, ni
la peur qui met ce langage dans la bouche des percepteurs,
c'est donc un retour à 1830, l'aveu ou la consécration de l'existence de la souveraineté nationale ?

Est-ce bien l'application présente qu'il faut prendre pour
base de l'avenir des patentés de Paris ? est-ce bien l'invariabi-
lité du chiffre actuellement imposé qui fera la règle de leurs
taxes ? faut-il donc prédire encore un changement à cet égard ?
Ce qui a eu lieu n'a été qu'un moyen de les préparer à recevoir
une augmentation ultérieure. Si ceux-ci constatent aujour-
d'hui une différence en leur faveur entre les taxes antérieures
et celles de 1845, n'est-ce pas parce que ces taxes antérieures
avaient été établies comme prélude de la loi nouvelle, et que
celle-ci, à cause de ses exigences extra-fiscales, n'a pas reçu
encore sa complète exécution à Paris ? Ainsi deux circonstances ont voulu qu'à deux époques différentes, on appliquât
différemment les taxes, c'est-à-dire qu'on ouvrît une voie à la
loi nouvelle, et que, votée, on restreignît sa rigueur. Je veux
être plus clair, Messieurs. La loi nouvelle n'était ni présenta-
ble, ni acceptable en face de la loi de brumaire ; elle avait une
trop grande soif d'or et de licences fiscales et politiques ; il
fallait des précédens qui l'appuyassent ; on n'en pouvait créer
qu'en foulant aux pieds la loi protectrice, et c'est ce qu'on fit
en appliquant les déclassemens et les surtaxes qui ont soulevé
tant de plaintes. Ils étaient le marchepied indispensable de la
loi nouvelle. Pouvait-on, en effet, vous soumettre un projet de
loi qui avait pour objet de dénaturer et de surcharger les taxes
du commerce et de l'industrie sans l'accompagner d'analogies
et d'assimilations ? Cela ne devait pas être ; on appliqua donc
préalablement les taxes. En vous exposant les motifs du projet, on vous les présenta comme équitables, régulières, modé-
rées. Vous étiez confians, et ce projet devint loi. Croyez-vous
que, lorsque les surtaxes furent établies, l'administration préfectorale ne connaissait pas déjà le projet fiscal ? Elle était dans
la confidence ; et ne vous étonnez pas si, durant les dernières
années, elle frappa de si grands coups ; elle avait un triple but
à atteindre : l'aplanissement du chemin de la loi nouvelle, le
moyen de faire accepter avec reconnaissance son apparition, et
celui de compenser la perte qu'on présumait que sa semi-ap-
plication ferait éprouver momentanément. Les cinq ou six
dernières années de la loi de l'an VII furent aussi cinq ou

six années de vexations pour la généralité des contribuables de Paris. En fut-il donc de même pour ceux de la province? Nullement. Ceux-ci, vivant à l'abri de la sollicitude effective de la loi de brumaire, et ne se préoccupant pas d'un projet dont ils ignoraient d'ailleurs l'esprit et l'immense portée, devaient être tout à la fois surpris et blessés par un régime nouveau d'une excessive exigence. Eh bien! ils sont mécontens, froissés, irrités, et c'est à cause de cette situation déplorable qu'on leur a faite qu'on a jugé prudent de ménager Paris; car Paris mécontent, froissé et irrité au point où l'est justement la province le système se serait vu forcé d'arrêter sa marche.

N'est-il pas fâcheux, Messieurs, que les lois fiscales et politiques qu'on n'étudie et ne comprend guère qu'après leur promulgation, soient toujours conçues dans un sens élastique et ambigu, mais seulement favorable à ceux qui les appliquent ou font appliquer? N'est-il pas déplorable qu'elles soient constamment présentées avec un laconisme dédaigneux par le chef apparent de l'initiation, rapportées par un semi-néophyte, défendues de bonne foi par les adeptes de la doctrine dominante, et toujours enlevées par un tour d'escamotage, parce que telle est la volonté de celui qui commande à ceux qui veulent, par eux ou par les leurs, une part dans le budget? Ne vous trouvez-vous pas mal à l'aise dans un pays où l'honneur et la vertu sont presque sans asile; où le riche et le puissant écrasent le pauvre et le faible; où l'intrigue et la ruse tendent incessamment des pièges à la franchise et à la bonne foi; et où le poison de l'or, des faveurs, de l'égoïsme et de l'ambition a corrompu le cœur de la généralité des hommes? Et qu'y a-t-il à faire pour la société qui n'existe plus que de nom? une constitution consacrant les droits de tous et déterminant tous les devoirs; enfin, ouvrir un registre où les progrès et les vertus de l'homme s'inscriront chaque jour, parce qu'il n'y a que les progrès et les vertus qui donnent de l'éclat, de la prospérité, de la puissance et de la dignité à un peuple. Voilà pour la nation.

Mais, que dois-je conclure pour les patentés de Paris? Que ces contribuables, soumis pendant plusieurs années à l'arbitraire fiscal le plus révoltant qui les faisait plier sous le faix d'un impôt exorbitant et illégal, se félicitent aujourd'hui d'avoir des charges moins lourdes à supporter qu'alors, sans songer que l'allègement n'est que momentané et exceptionnel. Qu'ils se croient en sécurité, rien de mieux. Mais qu'ils s'avisent de manifester de l'étonnement des plaintes de la province, c'est ce que je ne leur concède pas, à eux qui ne comprennent ni leurs droits, ni leurs devoirs. Je conçois très-bien que, payant l'année dernière le double de la contribution due et ne payant aujourd'hui que le tiers, le quart ou le cinquième en sus de ce qu'on devrait légitimement exiger d'eux, d'après la loi, ils doivent s'estimer heureux, d'autant plus que leurs suppliques en dégrèvement furent toutes repoussées par une formule banale et dédaigneuse. Mais je ne conçois pas qu'ils croient que la loi leur soit rigoureusement appliquée, lorsque les faits attestent le contraire. Aussi l'administration supérieure de Paris, appréciant cette propension et cachant les véritables circonstances qui la contraignaient de leur être favorable, malgré elle, s'ingénia-t-elle de s'attribuer le mérite de la réduction actuelle, tandis qu'elle ne remplissait que la mission d'appeler sur la loi nouvelle les bénédictions commerciales et industrielles de la commune de Paris.

Cependant, Messieurs, je puis affirmer que cette gratitude des patentés de Paris se transformera incessamment, malgré moi, malgré vous, en un mécontentement général parce que 1846 et 1847 ne ressembleront pas à 1845; que la loi nouvelle sera appliquée selon son esprit et sa lettre, avec la même rigueur qu'elle frappe déjà ceux de la province, et que vous les entendrez alors, si ce n'est plus tôt, crier de toutes parts : « La loi est intolérable, nous en sollicitons le rapport, » et si nous ne l'obtenons, nous nous refusons au paiement de » l'impôt. » En effet, une loi peut-elle être exécutée différemment dans un même pays, ou plutôt l'administration supérieure peut-elle avoir longtemps deux poids et deux mesures pour des citoyens dont les droits sont égaux ? Assurément non.

En attendant, Messieurs, que la législature rectifie, corrige et modifie la loi sur les patentes, en la mettant en harmonie avec les principes constitutionnels, et qu'elle avise aux moyens d'organiser la préfecture et la municipalité de la Seine, je vous prie de résoudre les questions suivantes :

Les contribuables de Paris doivent-ils continuer le paiement d'un impôt illégalement établi ?

Doivent-ils obéir à la délibération municipale du 14 février dernier, et à l'ordonnance du roi qui l'approuve?

Doivent-ils acquitter, durant 1845, mais par *septième* seulement, à partir du 15 juillet, les contributions qu'on leur a appliquées?

Est-ce en *sept mois*, au lieu de douze, que l'impôt consenti pour un an doit être exigé et perçu?

Pouvez-vous recommander au ministre des finances d'enjoindre à la préfecture de la Seine d'observer et d'exécuter religieusement les articles 28 et 29 de la loi du 21 avril 1832, lorsqu'il s'agira de réclamations, et de défendre au préfet de se substituer au conseil de préfecture, en se permettant de décider lui-même en pareille matière?

Préférez-vous que je conseille aux contribuables de Paris le refus immédiat de l'impôt, qui est, dans l'état des choses, un droit et un devoir?

Le refus de l'impôt n'est-il pas le seul moyen de déterminer le gouvernement à faire administrer la commune de Paris, comme le sont les autres communes de France?

Je n'ai pas épuisé ma tâche, Messieurs; j'ai d'autres questions à vous adresser.

Dois-je d'abord vous demander comment il se fait que tous les départemens maritimes, qui avaient l'esprit d'élire pour députés des hommes d'un caractère tout à fait national, soient représentés aujourd'hui, non par des hommes d'un caractère mixte, mais par des hommes sans opinion, et qui semblent avoir adopté pour devise ces mots inconstitutionnels : *Tout ce qu'on voudra, peu nous importe* !

Vous entretiendrai-je ensuite de cette corruption que vous acceptez du pouvoir, et que vous employez à votre tour pour ou contre les fonctionnaires qui vous déplaisent dans les départemens ?

Où allons-nous donc? où nous conduit-on? A la remorque de qui entend-on nous faire marcher dans la voie où nous sommes ? N'allons-nous pas, comme des imprudens, nous précipiter volontairement dans le gouffre qu'on nous crie d'éviter? Ne courons-nous pas au-devant d'une catastrophe imminente, comme si nous avions intérêt à hâter sa manifestation ? que deviennent les vœux des propriétaires, des agriculteurs, des éleveurs de bestiaux, des importateurs et exportateurs, des vinicoles, des ouvriers de tout genre, etc. ? Et, au lieu de vous occuper de tant d'intérêts sérieux, vous allez prendre vos vacances !... M'objecterez-vous en vertu de quoi je prends la liberté de vous entretenir de tant de choses ? je vous répondrai que c'est en vertu de mon droit de citoyen et de contribuable, du droit qu'a tout Français payant l'impôt de l'argent et du sang, de savoir ce qu'on a fait du mandat direct ou indirect qu'on a dû remplir en son nom.

On dit, Messieurs, que, si vous n'êtes pas fatigués d'avoir trop fait dans le cours de la session qui finit, vous l'êtes d'avoir trop laissé faire. L'amoindrissement de votre dernier ordre du jour, par l'élimination de divers projets de loi capitaux pour la France, n'en est-il pas la preuve la plus évidente? N'avez-vous pas montré que vous tenez à aller promptement recueillir de la bouche même de vos commettans, les uns, des témoignages de leurs efforts et de leurs vœux impuissans ; et les autres, les ovations des fonctionnaires et adhérens qui diront bien bas : « Nous sommes obligés de vous féliciter du vote de l'indemnité » Pritchard ; mais le peuple en est mécontent ? » Partez, Messieurs, partez; quittez au plus vite vos bancs, et courez raconter à vos mandans directs ce que vous avez fait pour eux au Palais-Bourbon, et surtout auprès des hautes administrations; mais gardez-vous de saluer le peuple, celui dont le travail vous fait vivre; ne l'approchez pas, ne vous en préoccupez nullement; car il pourrait vous demander ce que vous faites de la liberté de la presse, de la liberté de l'enseignement, de l'institution du jury, d'un budget de deux milliards, de la moralité nationale, de la dignité de la France, de la Charte violée, de la garde nationale méconnue, des trafiquans de chemins de fer, des tarifs de douane, des droits sur les boissons, des octrois vexatoires, des vœux des travailleurs, de la répartition de l'impôt, de la liberté commerciale, de nos paquebots transatlantiques, de la libre concurrence sur les marchés du globe, du droit de pétition, de la prépondérance nationale, de la liberté maritime, de nos ports, de nos forteresses demantelées et dépourvues de moyens de défense, de notre armée navale, de l'impôt du sel, de la réforme postale, des tripotages de bourse; de l'intervention des pairs de France, des députés et de la haute domesticité dans les spéculations relatives aux voies de fer et au mouvement de hausse et de baisse des fonds publics; de la coalition anglo-française contre l'Amérique, alors que nous devrions tendre la main à cette puissance, et ne faire qu'une seule et même famille; de la réforme électorale, de l'Algérie, de l'empereur du Maroc; du droit de visite, illusoire pour nous, qui n'avons pas la liberté de parcourir les mers; de Rosas et de nos compatriotes de Montévidéo; de l'amélioration et de la défense de nos côtes; de l'alliance anglaise, si compromettante pour nos intérêts commerciaux et politiques, notre plus ancienne et toujours implacable ennemie, contre laquelle vous et la presse qui se dit indépendante, nationale et dévouée, devriez sans cesse et toujours énergiquement protester jusqu'à ce que nous eussions notre alliée naturelle..... cette puissance avec laquelle nous ne pourrions que grandir en gloire et en prospérité; du budget des dépenses, qu'on a l'inconcevable habitude de vous soumettre avant celui des recettes, comme si les dépenses devaient subordonner les recettes, tandis qu'un pays bien administré doit toujours commencer par la CONSTATATION de ses ressources, pour savoir s'il pourra ou non sacrifier telles sommes à tels emplois; de l'immoralité introduite dans nos écoles de hautes études, en facilitant à la jeune génération, que l'on devrait laisser tout entière à l'accomplissement de graves devoirs, l'accès de mille distractions qui énervent son caractère, et paralysent le sentiment de nationalité qui est plein de vigueur en elle; de ces scandaleuses concessions de terrains en Algérie; des gratifications politiques accordées sans causes et sans motifs à des privilégiés du système, au détriment des colons et des avantages de la métropole ; de la rente, qu'au mépris de la charte, vous voulûtes convertir ; enfin, de tout ce qui peut contribuer à donner à la France, la prospérité, l'indépendance, la splendeur et l'éclat dont elle devrait jouir depuis longtemps. Non, Messieurs, non, ne parlez pas au peuple ; vous n'avez pas d'entrailles pour lui, puisque vous le tenez en interdit. Oubliez donc qu'il existe et qu'il est froissé ; ne voyez que vos censitaires ; ne faites pas attention à celui qui passe tous les jours à côté de vous, et que vous n'osez regarder en face, dans la crainte de voir son silence murmurer sur ses lèvres ces mots nobles et dignes de la cause qui les inspire : « Vous qui me voyez à peine, et qui me dédaignez parce que » je suis pauvre ; vous que mon travail nourrit et charge d'or, » vous me serreriez la main si j'étais riche, pour que je vous don- » nasse ma voix ; mais vous vous gardez bien de souhaiter que » tous les contribuables participent à l'action représentative, » parce que l'intrigue et la corruption ne transmettant plus le » mandat, vous risqueriez de n'être rien dans ce pays où la » fortune, l'orgueil égoïste, l'ambition et la flatterie se substi- » tuent, de nos jours, aux talens, au mérite et à la vertu. Avez- » vous bien réfléchi à votre position, vu qui vous êtes, où vous » marchez, et où vous voulez nous conduire? Vous croyez- » vous à la Chambre pour y stipuler vos intérêts personnels et » de famille ? Vous croyez-vous là des proconsuls pouvant dis- » poser, à votre gré, de nos personnes et de nos biens ? Vous » croyez-vous des mandataires irrévocables et faits pour nous » rendre constamment taillables et corvéables? Nous savons » supporter les injustices et les excès des hommes pendant un » temps suffisant pour les bien juger ; mais quand nous sommes » las de leurs outrages et de leur despotisme, nous les écra- » sons sous le poids de leurs propres excès. Arrière donc les » propensions féodales et les moyens intimidateurs ! nous vou- » lons une sage répartition des charges et des droits ; l'étoile » des priviléges et de la corruption pâlit ; et bientôt, malgré vos » lois compressives, l'immutabilité du système, ses amendes, » ses prisons, les fossés, les créneaux et les canons de ses bas- » tilles, ce que vous ne voulez pas nous accorder, nous le » prendrons. La France, libre alors, forte et puissante, se » montrera de nouveau comme un modèle de civilisation, de » grandeur et de dignité au reste du monde. Voilà ce que vous » n'empêcherez pas d'être. »

Ce langage, Messieurs, n'est ni révolutionnaire ni menaçant ; il est plein de sentimens et empreint de vérités incontestables ; le peuple peut-il et doit-il le tenir dans l'état d'ilotisme et d'es- clavage où l'on veut le plonger? Est-il digne de la France et de vous-mêmes? y a-t-il du mérite à le perpétuer? est-ce que vous croyez que je puis appeler courage et force d'âme l'apogée de la corruption et l'oubli de soi-même? L'accumulation des impôts, les humiliations continuelles, la privation de tous les droits et la confiscation de toutes les libertés qui sont le patrimoine d'un grand peuple, ne font-elles pas mieux qu'une insulte grossière, sentir à ce peuple la nécessité de briser les fers qu'on lui rive? Vous oubliez trop que du sang national circule dans ses veines.

A mon tour, je m'adresse à vous, Messieurs. Quand donc la Chambre des députés cessera-t-elle de sacrifier à l'Angleterre? Ne peut-elle vouloir que la France vive sans concéder toujours et sans subir d'incessantes humiliations? pourquoi ne pas relever la tête, secouer le despotisme et montrer à toutes les nations que la valeur, la puissance et la dignité ne sont pas éteintes en France? Nierez-vous notre infériorité, notre subordination à l'Angleterre? ignorez-vous qu'il nous est défendu de réunir une flotte, de passer devant Gibraltar, d'améliorer nos ports et de pourvoir à la défense de nos côtes? Ce n'est pas votre faute à tous, dites-vous? soit. Avez-vous fait cependant tout ce que vous pouviez et deviez faire? non. Si je sais que la Chambre est composée d'élémens hétérogènes, inalliables pour former un corps national, et que là est l'ennemi de nos libertés, je sais aussi que ne voulant pas se corriger d'elle-même d'une incapacité morale, la nation doit s'en charger. Je reconnais donc avec vous que l'opposition ne peut rien ou fort peu de chose dans l'action régulière de la discussion et du vote, parce qu'elle est en face de fonctionnaires qui acceptent les volontés ministérielles; mais, se sachant ainsi, pourquoi ne proteste-t-elle pas, soit en se retirant tout entière et en déclarant solennellement son impossibilité d'accomplir son mandat en présence de gens qui, semblables à des automates, n'obéissent qu'à des ordres gouvernementaux; soit en forçant, par la compacité de ses rangs, le ministère, sinon à proroger, du moins à dissoudre, quoique la prorogation et la dissolution soient une anomalie représentative, un système ou deux mots laissés dans la Charte blessant la vérité représentative, qui n'existe qu'autant que tous les pouvoirs sont permanens? Que résulterait-il d'une résolution ferme de la part de l'opposition? une manifestation énergique, avec appel à la nation d'abord, puis une assemblée constituante ayant mission de réviser la Charte, de la mettre en harmonie avec les principes de 89 et de 1830, d'approprier les lois à ces principes, et de restituer aux citoyens tous les droits qui leur appartiennent.

Députés de l'opposition! voilà ce que la marche du système, la nullité effective de vos votes et votre exactitude à siéger nous promettent. Si vous comprenez l'importance de l'attitude que je voudrais vous voir prendre et l'effet immense que doit produire sur la nation une telle *puissance d'inertie*, ne concevez-vous pas, dès-lors, que le ministère, qui y songe et la redoute, préfère la situation actuelle à une dissolution, puisqu'une dissolution ferait nécessairement naître de grands événemens, quand même ce grave incident ne viendrait pas s'y mêler? Pour se conserver, il faut donc qu'il évite la dissolution. Pourquoi ne la provoqueriez-vous pas? le ministère a si bien senti la difficulté de sa position, que, pour ne pas soulever aujourd'hui des questions sérieuses, irritantes, et trop nationales, il a usé d'un véritable subterfuge pour obtenir la réformation d'une partie de l'ordre du jour de la chambre. Vous l'avez accepté presque avec joie, sans vous apercevoir que c'était plus qu'une faute, presqu'un acte de délire ministériel. En effet, le ministère ne pouvait-il pas attendre la fin de la discussion du budget? Et qui a-t-il choisi pour proposer le retrait des plus utiles projets de loi? L'enfant gâté du système, le solliciteur par excellence! voilà l'homme qui, déniant à ses collègues le courage de demeurer encore deux mois en séance pour y discuter les grands intérêts nationaux, les a suppliés d'accepter la désertion et d'enterrer tous ceux des projets de lois qui déplaisent à *l'entente cordiale*. Quoique ce ne soit pas là un coup de maître, et que le ministère ait manqué de tact et d'habileté, en ne sachant pas attendre et en chargeant un député d'une opinion trop tranchée, le succès ne s'y est pas moins attaché. Mais vous, hommes de l'opposition, qu'avez-vous fait à ce moment? pourquoi n'avoir pas protesté en masse? pourquoi n'être pas plus nombreux sur vos bancs et ne pas vous concerter, en face d'une majorité toujours certaine, sur le grand moyen de l'inertie? Savez-vous que votre abstinence s'interprète fâcheusement? Il ne vous fallait ni faiblesse ni découragement; on croit que vous avez eu l'un et l'autre à la fois. Ne pouvez-vous pas faire un effort, un retour sur vous-mêmes, et vous montrer ce que vous devez être, vigilans, fermes, jaloux de l'honneur national, soutiens de la prospérité publique, défenseurs de nos libertés et fiers de la dignité de la France? Il en est temps encore, demandez la rectification de l'ordre du jour, demeurez IMPASSIBLES SUR VOS BANCS, et dussiez-vous ne protester que par le *silence*, ne cédez pas, le ministère sera bien forcé de sortir d'une situation anormale, inconstitutionnelle et compromettante pour tous. C'est la seule voie de salut. Alors vous aurez bien mérité de la patrie. Mais si vous abandonnez votre droit, si vous méconnaissez votre devoir, il faut vous attendre à des plaintes énergiques, et surtout à un accueil dédaigneux de la part de vos commettans.

Vous tenez votre destin dans vos mains, laisserez-vous échapper l'occasion d'exprimer votre sentiment national? Quant aux conservateurs et aux fonctionnaires qui s'oublient et manquent de patriotisme en soutenant le déplorable système qui nous régit, la nation en fera incessamment bonne justice. La tâche que vous négligerez, elle la remplira elle-même, soyez-en sûrs.

Avant de terminer, je dis quelques mots de la prorogation et de la dissolution. Est-ce que vous croyez que, malgré les termes de l'article 42 de la Charte, on doive proroger et dissoudre la Chambre des députés? La Chambre des pairs n'est pas dissoluble; elle est inamovible, et le pouvoir exécutif ne l'est pas. Si l'on peut proroger et dissoudre, que devient alors le gouvernement représentatif, puisque vous prétendez que le nôtre l'est? Tel que vous comprenez ce gouvernement, mais tel que je ne le comprends pas, n'a-t-il pas besoin de trois parties pour exister? Si la Charte vous accorde de préparer, dans le cours de quelques mois, les alimentations gouvernementales pour le reste de l'année, est-ce qu'elle a pu vouloir que la nation, qui s'est attribué ou dévolu un gouvernement représentatif, fût pendant un temps de l'année à la discrétion du pouvoir exécutif, lorsqu'elle se réserva le soin de surveiller cette Charte dans les mains de ce pouvoir qu'on a élu pour elle? Vous savez bien qu'un gouvernement représentatif n'est réellement représentatif qu'autant que tous les pouvoirs qui le constituent sont en permanence effective. Dès que l'un de ces pouvoirs cesse d'être en permanence le gouvernement est despotique ou absolu. Consacrez-vous que les habiles rédacteurs de la Charte voulurent que le pouvoir exécutif fût plus puissant que la nation, et que, dès-lors, c'est à dessein qu'ils y écrivirent que ce pouvoir exécutif pourrait, à son gré, se débarrasser du contrôle des Chambres, qui ne songèrent jamais guère à le contrôler? Cela étant, si ce n'était pas de la perfidie, et je suis convaincu que la rédaction est vicieuse et que l'intention fut bonne, ce serait un non sens, car on ne peut pas vouloir qu'une chose existe et n'existe pas en même temps.

Ainsi, n'allez pas nous dire, en admettant même la faculté de proroger et de dissoudre, ce qui est l'opposé du principe représentatif, que vous devez vous séparer à l'instant même où vous entendez la lecture de l'ordonnance de prorogation ou de dissolution, sans avoir achevé des travaux commencés et sans qu'on vous déduise les causes qui portent à proroger ou à dissoudre, car vous seriez en dehors de toute logique. Le principe qui surgit de la révolution de juillet, qui la domina et inspira la Charte, n'appela ni prorogation, ni dissolution, parce que proroger ou dissoudre, c'est priver une partie du gouvernement du droit d'exister durant un temps, et la nation n'entendit pas se suicider. Dans un gouvernement représentatif, il ne peut y avoir ni prorogation ni dissolution facultative d'un ou de plusieurs pouvoirs concourant à l'unité gouvernementale; il n'y a de possible qu'une dissolution naturelle, arrivant à l'expiration du mandat et à l'instant où des successeurs sont donnés aux membres du pouvoir qui finit, et devant lesquels ces successeurs devraient prêter serment. Le cas échéant d'une prorogation ou d'une dissolution, il faut rester au poste que deux cent mille censitaires vous ont bien ou mal assigné, dussiez-vous y être seuls, ou, comme toujours, en minorité, et protester par la force du silence ou de l'inertie. C'est un moyen sûr d'obtenir un triomphe constitutionnel, et la nation vous applaudira si vous le remportez.

Vous sentez-vous capables d'un tel effort, vous qui faites tant regretter la France de Louis XIV, de 89, de Napoléon et de 1830? Pouvez-vous rehausser notre gloire, remplir nos trésors, alléger nos charges, nous rendre notre influence politique et commerciale, rétablir nos flottes, détruire la prépondérance anglaise et nous faire oublier les temps de Charles VI, de la Ligue et de la Régence? Ne pouviez-vous pas tout cela plus tôt? Qui vous empêcha d'agir? Sont-ce les ministres? Pourquoi n'avoir pas provoqué leur mise en état d'accusation? Est-ce qu'il est trop tard?

Ne comparez pas notre époque à celle où vivait Mazarin, si joyeux quand les Français chantaient. Tous les Français d'alors *ne songeaient pas aux affaires politiques*. La jeunesse d'aujourd'hui, qu'on veut de toutes les manières distraire de hautes occupations, étudie, médite et chante; mais quoique chantant parfois et acceptant souvent les mille frivolités qu'on lui prodigue, elle n'*oublie* pas un moment que nos libertés sont gravement *atteintes*. Elle est appelée à un beau rôle, à une noble destinée, et rien n'entravera son avenir. Elle nous aidera à faire de la France le pays le plus riche, le plus indépendant et le plus fort du monde civilisé, AVEC OU SANS LE COQ GAULOIS.... Pauvre coq! on le répudie déjà!!...

J'apprends qu'il n'est question que d'une dissolution partielle, vingt conservateurs doivent aller s'asseoir au Luxembourg, afin de permettre au système d'essayer son remaniement électoral dans vingt colléges. Est-ce de l'habileté gouvernementale?.....

Je n'émets plus qu'un vœu, Messieurs, et je le traduis ainsi:
« Donner une meilleure administration à la ville de Paris, avec
» des garanties égales à celles qu'ont les autres communes de
» France; rapporter la loi des patentes; modifier celles de fi-
» nances, 1° en ce qu'elles accordent au gouvernement la fa-

» culté d'*augmenter* ou *diminuer* à son gré tel ou tel départe-
» ment ; 2° et en ce qu'elles prennent pour base de l'assiette du
» droit proportionnel la *valeur réelle* des locaux ; de réviser
» toutes les lois contrariant les principes posés par la Charte
» constitutionnelle ; déclarer que les contributions directes, à
» Paris comme en province, seront conformes au principe de
» la Charte, essentiellement de *répartition*, au lieu d'être de
» *quotité* ; enfin, mettre en état d'accusation le ministère qui
» a violé jusqu'à ce jour toutes nos institutions fondamentales. »
Voilà ce que je vous demande.

J'ai l'espoir que, mieux éclairés qu'alors, vous ne faillirez
pas à ce grand devoir. Les vrais citoyens sauront vous en exprimer leur gratitude.

Agréez, Messieurs, l'hommage de mon respect.

QUENTIN,

Ancien receveur des finances,

38, rue de la Chaussée-d'Antin.

Paris, le 10 juillet 1845.

PARIS. — IMPRIMÉ PAR E. BRIÈRE, RUE SAINTE-ANNE, 55.